Ln 27 1662.

LYCÉE DES ARTS.

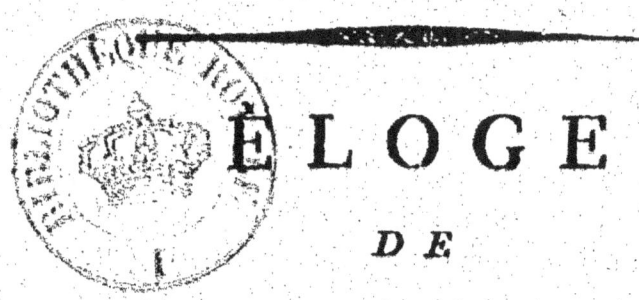

ÉLOGE
DE
PRÉVILLE,

Fait et prononcé par le citoyen MOLÉ, à la Séance publique du onze août 1793.

CITOYENS,

APPELLÉ par les Membres du Lycée des Arts à remplir la tâche honorable de développer dans *Préville* les qualités qui firent de lui un de nos talens le plus célèbre dans les fastes du théâtre, je regarde ce choix comme une récompense glorieuse de mes travaux, et comme le résultat le plus flatteur de mes longues réflexions sur un art dont Préville a surmonté toutes les difficultés. C'est ainsi qu'un assemblage d'hommes choisis, équitables envers moi, et mûs par une opinion favorable de mon zèle, fait concourir les longues méditations de l'un à l'éclat légitime de l'autre, et associe de la sorte à la réputation méritée d'un grand homme, l'homme assez expérimenté pour l'apprécier, pour lui rendre hommage, et se faire un doux plaisir de dévoiler ses droits à l'immortalité.

Oui, vous serez justes en couronnant, dans Préville, l'élan vers la perfection dans l'art de la représentation théâtrale dont il a, pendant plus de trente années, donné l'inimitable exemple; vous serez justes, en corrigeant l'ingratitude de cet art purement moral, qui ne laissant, pour l'avenir, d'autre trace de l'œuvre de l'artiste qu'un nom répété de bouche en bouche, paraît faire un devoir à l'équité contemporaine de transmettre les traits caractéristiques d'un talent dont l'ébauche seule fera l'éloge; d'un talent qui, en même tems qu'il fit rire l'esprit et caressa le bon goût, frappa souvent l'âme par l'application plus grave de son essor, sur des scènes touchantes, sinon tragiques, du moins dignes de la tragédie.

Pierre-Louis *Dubus-Préville*, vivant encore pour nous adoucir la perte de ses talens, n'était point né au théâtre. Il y fut poussé par cet instinct puissant qui commande, dans le jeune âge, l'amour des succès dans tel ou tel art, qu'un goût prononcé nous désigne impérieusement. Il ne se trompa point sur le motif qui le portait sur la scène; le seul désir de la gloire en ce genre y fut son guide, et la gloire l'en a bien récompensé.

Conduit par des rapprochemens quelconques chez Dehesse, de la comédie Italienne, acteur jouant des valets, et différens caractères dans les pièces françaises de ce théâtre, ce fut de lui que Préville reçut les premières idées de son art. Dehesse, sans doute, n'était pas sans mérite; mais le genre de son naturel avait de la manière et était travaillé.

La vérité simple, spirituelle et saillante que la nature avait départie à Préville, résista aux atteintes que la manière factice de Dehesse avait voulu lui porter, et il demeura vrai dans son dire pour le reste de sa vie. Heureux augure que cette première vérité d'expression! ou plutôt, que cette base fondamentale du talent, pour être parfait dans l'art de peindre par le coloris du naturel animé, toutes les affections de l'âme, du cœur et de l'esprit! Le naturel simple, la vérité du dire sont au talent de l'artiste du théâtre, ce que sont, en peinture, la vérité des chairs, celle des étoffes et de leurs reflets. Vainement le dessein serait-il régulier, sans la grande vérité des couleurs, point d'illusion, et l'illusion dans tous les arts imitateurs est le mérite suprême. Au théâtre, comme en peinture, sans vérité dans le dire, sans vérité dans le coloris, quelle que soit, d'ailleurs, la portion intelligente, on ne voit jamais que le travail de l'artiste.

Préville emporta donc en province ce mérite rare de parler vrai, qui avait résisté aux premiers égaremens du métier, dans l'âge où, cependant, on trouve plus facile de copier les copistes de la nature que de la chercher en soi-même pour devenir un talent original. Préville ne céda point à cette dangereuse facilité, il sentit que, dans un autre, le talent affecté à des organes particuliers, ne peut s'appliquer à personne, sous peine de n'être jamais qu'une mauvaise copie.

Livré à lui-même, il se trouva, comme tous les commençans dans l'art de la représentation théâtrale, entre deux écueils : la nullité, qui ne compose rien au-delà des paroles tracés par l'auteur, ou la trop grande fécondité d'intentions qui fait dégénérer en charge la composition exagérée de l'acteur, au-delà des bornes prescrites par la justesse du sentiment, la finesse du tact, et la précision du goût.

Entre ces deux écueils, Préville choisit et choisit bien : il fut juste dans ses conceptions et discret dans l'exécution ; il n'excéda jamais les données qui doivent découler du plan circonscrit par l'auteur, soit relativement au caractère, soit relativement à la situation, qui sont les deux règles impérieuses qui commandent exclusivement à l'artiste du théâtre.

Le spectateur ne lisant point dans l'intention morale de l'acteur, Préville sentit que ce n'était que par le mouvement extérieur qu'il pouvait la lui transmettre ; delà, ces transitions larges, finies, où le public voit l'impression reçue par le personnage représenté, l'effet qu'elle lui produit, la pensée qui en naît, et cette gradation imperceptible et progressive où le silence devient si expressif qu'on aperçoit l'ame s'éteindre sur une affection et renaître pour une autre.

Pourvû donc par la nature de cette vérité première qu'il avait su conserver, enrichi par des qualités acquises, et par un plus grand usage de soi-même qui produit au théâtre la calme jouissance de ses facultés au moment de l'exécution, Préville put donner un essor libre à cette création subite de l'esprit qui marque les choses d'effet sortantes du fonds ; et, à cet égard, notre grand artiste a poussé au plus haut dégré ce secret de fixer le trait, sans quitter le sujet, sans blesser le bon goût et sans jamais dépasser la vérité; c'était toujours en lui le comique le plus vif, le plus colorié; c'en était l'extrême, ce n'en était jamais l'excès.

Sans attendre son retour dans la Capitale, dans cet azile des progrès de tous les genres, où le rapprochement des talens, leur frottement continuel fait jaillir l'étincelle du génie; cet azile, le séjour habituel des littérateurs, où se trouve la permanence d'un public accoutumé à guider, instruire et juger les arts qui y naissent, Préville trouva en lui seul le germe de tous ses progrès, et Paris fut étonné de voir arriver sans le concours de toutes ses ressources, un talent déjà parfait, auquel le public n'eut que des éloges à donner, une grande justice à rendre et des applaudissemens à prodiguer.

Il venait remplacer *Poisson*, cet acteur informe que la nature avait jetté sur la terre pour être plaisant par le fait seul de son existence, sans en être plus précieux aux yeux de l'art, ni aux délicatesses du bon goût. A la place de ce dire naïf, estimable sous le rapport de la vérité, mais sans esprit et sans composition, auquel le public était accoutumé dans Poisson, que trouva-t-il dans Préville? Un artiste aussi vrai, d'une composition juste et riche, qui sondait profondément les secrets de la nature; dont le tact savait saisir toutes les nuances; qui n'était jamais lui-même comme Poisson l'était toujours, qui s'était fait une loi de penser que chaque caractère a sa phisionomie extérieure, que ce n'est pas sans raison qu'on dit de tel homme dans la société, qu'il a l'air vain et sot, de tel autre, qu'il peint la probité; de celui-ci, qu'il a l'œil perfide ; de cet autre, qu'il porte un témoignage de bonté, et mille différens traits caractéristiques qui annoncent au-dehors l'âme morale de chaque individu; d'où Préville conclut que l'obligation première de l'artiste chargé de représenter les hommes, dans quelques situations qu'ils soient employés, devait être avant tout, de s'appliquer à les montrer à l'œil, et de completter ainsi aux yeux du spectateur attentif, le tableau du personnage mis en action.

Préville n'a pas besoin d'éloges outrés, je ne dirai point qu'il fut le premier des artistes du théâtre qui sentit cette nécessité ; mais quelques-uns de ses prédécesseurs avaient crû faire beaucoup, même en bornant leurs efforts chacun à l'habitude d'un genre. Préville fut le premier qui trouva en soi la faculté de les représenter tous; de les appercevoir tous sous un point de vue nuancé et juste ; de les atteindre sans les outre-passer, et c'est ce qu'il montra dès son début, dans le Mercure galant, pièce absente du théâtre lors de son arrivée à Paris, qu'il y fit revivre (on sait avec quel succès) pendant les 33 ans de l'exercice de son talent, et dans laquelle on vit la pérfection se produire (1) six fois sous différentes formes.

Il est des caractères fortement prononcés en euxmêmes, dont l'imitation est plus facile en proportion de leur excès, et, sur les personnages du libraire, du campagnard et du procureur, dans lesquels, cependant, Préville peignait à grands traits, et sous des couleurs mordantes de comique, je ne m'écrierai point avec le

---

(1) Préville y jouait alors six rôles.

même étonnement d'admiration, que sur les rôles du soldat yvre, et de l'abbé. On a pû constamment admirer dans le premier de ces deux rôles le choix toujours délicat de ses moyens de succès : le caractère libre du soldat, et son état d'yvresse auraient pû permettre au copiste indiscret de la nature des imitations dont le bon goût eut gémi ; qu'on se souvienne avec quelle grâce aimable, et cependant vraie, Préville venant de dépouiller la figure piteuse du libraire et la lourde grossièreté du campagnard, entrait sur la scène dans ce troisième personnage; avec quel saillant il l'occupait ; de quelles nuances finies de vérité il la décorait ; jusqu'à quel degré de perfection il avait été chercher la nature dans ses détails les plus piquans, et quel soin il avait pris de ce brave Larissolle jusqu'à sa disparition du théâtre. La marche, la prononciation, le regard, la contenance, le geste, le silence, les intentions comiques, tout était d'un soldat yvre ; il allait jusqu'à faire sentir les instans où les fumées du vin, brouillant en lui la pensée, suspendaient la liaison des idées. Ni trop, ni trop peu, c'étaient les deux bornes de son exécution dans cette scène, à laquelle je pourrais ajouter, en ce genre, quelque chose de plus parfait encore pris en Préville lui-même ; c'était l'envyrement du bon Zicorin dans le Roi de Cocagne, qui, dévoré du besoin de manger, et placé devant un repas splendide, cède à son appétit gourmand, et arrose, sans ménagement, les mets abondans qu'il dévore. Ici, Préville avait à saisir une nuance animée qu'aucun tableau ne peut rendre dans ses détails, c'est le passage, naturel et non forcé, du besoin de manger à la trop grande satiété, et celui du sang-froid à l'yvresse la plus complette. Cette indication est dans l'auteur, sans doute ; l'obligation de ces nuances est celle de tous les artistes du théâtre ; mais la vérité dans l'exécution, la grâce dans les moyens, la progression insensible et graduelle de la nature, et le passage modulé du premier état au second, sont, dans leur perfection, ce qui seul a pû appartenir à un génie tel que Préville. Et puisque je parle des efforts d'une création où l'auteur a semblé presque tout abandonner aux possibilités, plus ou moins grandes, de l'artiste du théâtre, je ne passerai point sous silence une composition de Préville, moins importante en apparence, mais qui, dès son origine, fit apercevoir au public de combien de richesses cet artiste de génie allait orner les chefs-d'œuvre de nos grands maîtres. La pièce de Nanine était alors dans toute la fraîcheur de son succès, Préville vint, et prit des mains de Deschamps, acteur jouant les valets, le rôle de Germon qui avait, jusqu'à ce moment, été étouffé sous les beautés écrites des autres personnages de cet ouvrage interressant ; Préville le joua, et Germon sembla entre ses mains, se faire jour au milieu des grands talens auxquels, dans ce tems, l'exécution de cette pièce était confiée. Là, on vit réunies la vérité parfaite et simple du dire avec la richesse des tems, la fécondité des intentions, toutes précises, toutes puisées dans le fonds de l'action : pas un mot n'y fut prononcé sans un esprit fin, juste, appelant l'effet, et, pour tout dire, ce rôle devint dans ses mains ce qu'est, en peinture, le soldat de Bélisaire dont l'immobile expression ramène si puissamment sur lui les regards du contemplateur, dans sa relation avec le sujet principal. O combien notre artiste célèbre sut aggrandir la place physique que ce rôle, peu étendu en lui-même, occupait dans la pièce ! Là, enfin, il convainquit le public que quand la création première de nos auteurs est la mère féconde de l'art de la représentation théâtrale, cet art, à son tour, dans les Préville, les Clairon, le Kain, Grandval, Dumesnil, devient bien véritablement le fils reconnaissant d'une aussi utile mère, et que, sans cesse occupé d'elle, il justifie dignement ses bienfaits en répandant sur ses charmes naturels tout le luxe de la parure.

Les débuts de Préville furent donc pour le public l'augure certain de la mémorable carrière qu'il allait parcourir ; dès-lors, nos littérateurs enflâmés par l'aspect, la perfection et la variété de ses talens dans les valets, de ses grâces aimables dans les Crispins, et de ses ressources à l'infini dans la peinture riche et complette de la nature, mise en jeu par l'effet des situations, travaillèrent hardiment pour lui, et, jamais embarrassés dans leurs entreprises par l'inquiétude des bornes d'exécution que Préville ne connaissait pas, ils donnèrent à leurs compositions le libre essor de leur génie, surs de trouver dans Préville le traducteur le plus brillant et le plus approfondi de leurs pensées, lui confiant avec abandon et sécurité les effets de détail découlant de la situation et du caractère, qui sont le champ, vaste ou retréci, que l'artiste du théâtre parcourt, selon les limites de sa conception, et que Préville franchissait toujours avec gloire.

Tel, l'auteur du Philosophe sans le savoir confia le rôle d'Antoine, dialogué comme la nature même s'exprime, à la simplicité franche du naturel de Préville, il lui dit.. » J'abandonne à ton talent, ô mon interprète,
» tout ce que j'ai écrit dans cette pièce, et je confie à
» ton génie créateur tous les effets de fonds qui n'ont
» d'autres paroles pour l'auteur que l'usage, plus ou

« moins vrai, plus ou moins riche, que l'acteur fait du
« sujet dans une situation donnée.

Tel encore, Préville, dès sa jeunesse théâtrale à Paris, sans le concours de Voltaire, et loin de ses yeux, a tracé à grands traits la physionomie de Friport, cet anglais humoriste et généreux, dont la riche tradition fut par lui, et pour jamais, si profondément gravée.

La nomenclature des ouvrages dans lesquels il a imprimé son souvenir serait un répertoire trop étendu pour le rappeler ici ; qu'il me suffise de citer les personnages qu'il prononça le plus fortement et desquels il fit sortir le plus d'effets.

On ne se souviendra pas sans tressaillir de plaisir en se le rappellant sous la fécondité de son exécution, de cet infortuné Sosie bien sûr d'avoir été battu et chassé au moment du repas : riche des trésors de Molière, Préville semblait dans ce rôle se couvrir tout entier du génie sublime de son auteur; puis, devenu plus audacieux par caractère, vous allez vous réjouir en vous retraçant par lui la gaîté franche et spirituelle de cet insouciant Figaro dans le Barbier de Séville :
(« Et à propos de ce rôle, une pensée consolante est
» offerte au public admirateur de notre sublime artiste :
» du moins, sa figure sculptée en action dans ce per-
» sonnage, échapera-t-elle à l'oubli du tems ; on y verra,
» malgré quelque carricature dans plusieurs des copies
» multipliées qui en ont été faites, tout l'esprit de cette
» physionomie expressive. Préville avoit eû un visage
» charmant, dont les muscles facilement mis en œuvre
» par une obéissance rapide aux affections de son âme

» et de son génie, lui donnaient l'expression la plus vive
» et la plus signifiante; l'usage prolongé de la vie les
» avait prononcés en lui de telle sorte, que le jeu de son
» visage était, sans nul effort, une des richesses de ses
» moyens de succès. Du reste, il a été parfaitement bien
» fait, de taille moyenne, plein des mêmes grâces au
» physique qu'il en montrait au moral dans ses inten-
» tions et dans la pureté de son exécution. Et à ce sujet
» encore, je ne puis m'empêcher d'offrir à la perspi-
» cacité du véritable amateur des arts une observation
» dont il tirera telle conséquence qu'il leur jugera ap-
» plicable, c'est que de tous nos artistes supérieurs, ceux
» dont le talent a été le plus particulièrement voué à
» la grande vérité, avaient le plus particulièrement
» aussi, reçu de la nature cette grâce première que pro-
» duit le bon enchâssement dans toute la personne, d'où
» sortent la rondeur des mouvemens et l'avantage, flateur
» à l'œil, des poses régulières. J'en donne pour exem-
» ple, entr'autres, la célèbre Dangeville, la belle Gaus-
» sin, notre bon Préville, le naïf Carlin, sur la tombe
» duquel on approuvera que je jette quelques fleurs, le na-
» turel Armand, le pathétique Brisard, et, sous nos yeux,
» la parfaite Contat dont le nom se présente si naturelle-
» ment à propos de tous les avantages réunis du talent
» vrai et des grâces personnelles, qu'il faudrait vouloir
» être injuste envers elle pour ne la pas citer »).

Je viens de quitter l'adroit Figaro, cet agile personnage, pour rencontrer un fou d'une autre espèce, mais
plus âgé, plus grave, M. Jourdain, dont la couleur
est si fortement prononcée par Molière que Préville, en
homme sage, se fixa au seul effort de l'atteindre, et
tout fut dans une proportion tellement juste entre le

génie créateur et le créateur artiste, que la vérité du dire, le saillant des effets, la physionomie du rôle, tout le talent réuni de l'acteur sembla se concentrer dans l'unique devoir de transmettre, sans travail, la force comique, si pleine de philosophie, que Molière a répandue sur la totalité de ce riche caractère.]

Après le Bourgeois gentilhomme, vos regards vont être portés sur le Bourru bienfaisant. [O quel tableau présente cet ouvrage, le dernier du vieux et célèbre Goldony, représenté par le moins vieux, mais aussi célèbre Préville! Avec quel œil attentif l'admirateur de la belle vérité va les suivre sur la scène, et les y voir se disputant à l'envie la gloire d'être le plus parfait! Grand maître dans l'art de faire, grand maître dans l'art d'exécuter, la voilà nouvellement mise au théâtre cette pièce, où la vérité si pure du dialogue est enrichie encore dans Préville par la grande vérité du dire. O combien il grava profondément ce caractère sombre, au travers duquel perce à chaque instant un cœur bon, sensible, et la colère de l'intérêt pour son neveu qu'il repousse. Toujours fidèle aux grands principes, c'est dans une humeur, dans une voix accoutumée à brusquer, que Préville trouve l'expression juste de ces traits de sensibilité qui sont l'éclair au milieu du noir de l'orage! Art difficile, et que Préville a créé, de former les sons touchans de la sensibilité du ton dur et repoussant du caractère; effort d'autant plus difficile pour lui, que l'essence première de son talent étant de tourner les esprits à la gaîeté, il aurait dû lui être moins facile de toucher dans ses organes les cordes sensibles. Mais qu'est-il de difficile à l'artiste que le génie inspire, que l'âme conduit, et auquel la nature montre du doigt la perfection?]

Un grand succès, cependant, avait déjà rendu Préville moins nouveau à lui-même dans la partie sensible du Bourru bienfaisant. Ses efforts énergiques dans le père d'Eugénie, ce vieillard outragé, adorant et repoussant sa fille, l'avaient déjà fait connaître au public dans un genre où l'inhabitude n'avait mis nul obstacle à sa parfaite exécution. Et quand on rapproche en lui ce même père d'Eugénie du Michault de la Partie de chasse, au sein de sa famille, se faisant servir par elle, on ne peut s'empêcher d'admirer dans l'artiste la justesse de ses conceptions et la sûreté de son talent, lorsque, dans deux états si éloignés, dans deux situations si différentes, on le voit également conserver le caractère de cette dignité paternelle, la première de la nature. Oui, qu'on s'en souvienne, le fonds de cette touche imposante que donne la qualité de père dans un homme bon, sensible, mais ferme et le maître chez lui, était le même dans les deux personnages, appliqué à diverses conditions comme à deux situations diverses Préville s'était dit, dans l'un et dans l'autre. » La physionomie d'un père doit être » toujours digne, quelque soit l'à-propos qui le montre « en cette qualité ; il a la souveraineté domestique » et notre artiste célèbre, frappant toujours à coup sûr, montrait cette souveraineté sous des formes analogues, dans le moulin de Licurseim, comme il l'avait fait voir à Londres, dans le fastueux azile du Lord Clarendon.

Combien l'esprit va s'étonner, en quittant ces profonds aperçus de notre savant homme sur les convenances du sentiment, sur celles de la nature et de la société, lorsqu'il le verra les blesser si gaîment, avec tant de grâces légères et un saillant si vif, dans le fripon Crispin du Légataire, ou mettant encore à profit son habitude d'observer et sa justesse à copier, il enrichissait le tableau de la ressemblance parfaite de cette douce et pudique veuve qui vient pour faire enfermer son cher oncle dans la frayeur d'un commerce illicite avec sa gouvernante. Le fini de ces imitations si souvent offertes au public, y conduisait, pour la centième fois encore, nos amateurs de bon goût, et cette pièce, entre les mains de Préville, décorait toujours la salle du choix, qui, pour être moins nombreux, n'en était pas moins flatteur, de nos habitués, admirateurs du vrai beau.

Le spectacle s'enrichissait du nombre, si, quittant, le même jour, le costume de Crispin, il allait s'affubler des appas spirituels du versificateur Desmazures, dont la physionomie si peu semblable à tout ce que je viens de tracer, me reporte, par transition, au timide valet de la dame invisible en qui la peur des revenans, si fécondément variée par Préville, imprime une existence si opposée à celle du fat et confiant Desmazures qui ne doute de rien; mais si Préville n'établissait dans Desmazures d'autres droits que ceux de la prétention, combien il en réalisait, après Molière, dans le Mascarille de l'Étourdi, ce hardi maître valet, peint par son auteur à si grands traits! eh, que notre célèbre artiste partageait bien judicieusement avec le créateur sublime dont il était l'organe, l'application que le public équitable réserve toujours à Molière dans ce vers, en vrai latin de Mascarille,

Vivat Mascarillus fourbum imperator!

De mascarille, je passe au capable Médecin du Cercle, fatigué des courses de ses chevaux, enfant gâté de la confiance de ses malades, qui craint de rendre trop de santé par l'abus qu'on en peut faire, et disparait coquettement pour se venger de la négligente inattention de sa personne, au moment d'être éclipsé par le chant mélodieux d'un abbé à la mode.

Toutes ces nuances fines, pleines d'esprit et de grâces créées par Préville dans la plupart de ces rôles qu'il a joué d'original, vont prendre une couleur plus mâle quand remontant à notre ancienne comédie, je vais rappeler aux amateurs de la grande vérité morale, l'étonnement, qu'il a rendu si par dans l'honnête Cliton du Menteur à la découverte progressive de la fécondité qu'a son cher maître ;

   Pour fournir tour à tour à tant de menteries ;

C'était, en ce valet, la vertu sans faiblesse et toujours surprise de l'usage constant du mensonge, tandis que dans le Festin de Pierre, Préville nous montrait cette vertu plus servile ; flattant, par la peur, les vices de son maître ; mais, bientôt, se relevant avec force, l'énergie et la vérité des grandes leçons tracées par Molière, étaient exprimées par Préville avec une chaleur en tout bien digne du sujet et de l'auteur.

Mais pour finir sur un tableau que je craindrais déja d'avoir trop chargé de figures, si je n'en sacrifiais encore un grand nombre que je regrette parce qu'elles ont toutes été rendues par Préville frappantes de vérité, je me bornerai à l'exposition dernière du chasseur Clainville, en opposition avec la figure ignoble et les manières basses de Turcaret, composées pourtant d'un visage agréable et des grâces naturelles dont j'ai parlé plus haut. Ce contraste fut aussi frappant en Préville dans les physionomies extérieures de ces deux personnages, qu'il l'était dans le dire, appliqué à ces deux physionomies différentes: c'était, chez le premier, le parler noble et libre d'un homme du monde, d'un loyal militaire; et, chez l'autre, ce dire cupide que le mot argent a voué à des habitudes avides, dont Préville répandait la couleur sur la totalité de ce personnage. C'était dans l'expression, dans le regard, dans la jalousie, dans le désir (que je n'appelerai pas amour); c'était, à ne pas s'y méprendre, l'intérêt, le prix, ou le regret de son argent qui l'enflammaient, et, dans les nuances, hors de l'action principale, Préville en faisait remarquer une entre autres: la basse fatuité de la science du monopole. Du reste, jamais il ne quittait dans la totalité de ce rôle, le témoignage de cette éducation vorace par l'usage seul de laquelle, au tems du célèbre Lesage, on arrivait, en ce genre, à la richesse.

Quant à monsieur Pincé, ce méthodique intendant de maison, chargé de quatre-vingt hyvers, courtisan assidû de sa dame Cateau, et lui portant l'hommage de ses antiques friponneries, trois raisons, à son exemple, m'empêcheront d'essayer mon pinceau sur la perfection que Préville a mise à l'ensemble de cet étonnant personnage.

Il fallait être lui pour y arriver.

Il faudrait être lui pour la peindre.

Et il faudrait l'avoir vuë pour en croire tout le fini et toute la beauté.

Oh qu'ils étaient ingrats ces hommes qui, témoins des efforts du talent de Préville, semblaient héziter à rendre au genre de son art le tribut d'estime que méritent également tous les arts ! Et combien il est doux de trouver équitables envers notre plus beau modèle, ces hommes philosophes et justes, qui vont le chercher au fonds de sa retraite pour lui décerner la couronne qu'on doit à l'homme de génie, sur quelque genre qu'il l'applique, soit pour l'utilité de son semblable, soit pour son instruction, soit pour son agrément.

L'éloge de Préville serait incomplet si je taisais en lui une des qualités de son talent qui entre nécessairement dans l'ensemble de la perfection et fait le plus d'honneur au tact et à l'esprit délicat de l'artiste du théâtre, celle de bien couper, de bien parler les vers : cette partie du goût mérite d'autant plus d'être célébrée qu'elle est plus rare, et qu'elle rapproche de plus près l'artiste du littérateur dramatique ; je veux dire ici, cette nécessité de traduire avec grâce les vers en une prose élégante pour être parlés avec plus de vérité ; d'en faire sentir le nombre sans en faire compter les syllabes ; d'en saisir le repos avec justesse, sans égard pour l'hémistiche et la rime ; d'y fixer le mot de la chose sans s'y appésantir ; enfin, d'y être vrai sans contrainte, saillant sans gêne, naturel avec aisance, peintre sans manière ; riche sans faste s'il faut être simple, et fastueux sans apprêt s'il faut être énergique et noble. Remplir ce devoir, c'est s'identifier avec l'auteur, c'est faire disparaître ses torts, s'il lui en est échappé, et le montrer dans toute sa grâce, sa vérité et son élégance, si c'est son coloris. Cet art fut poussé à la perfection par Préville et il mérite trop d'être considéré pour le passer sous silence ; l'avoir omis eût été un reproche que le bon goût et la vérité auraient pû me faire.

Du reste, il fut un des plus zélés propagateurs de son talent ; incapable de jalousie et de toutes les petites réserves de la vanité, trop grand pour craindre et trop enflâmé de son art pour désirer de le voir périr en lui, il fut le premier à provoquer l'établissement d'une école, à laquelle, pendant un certain tems, il a donné des soins. De cette école, il s'est répandu en province des sujets estimables, et bien instruits des grands principes. Le Théâtre Français lui a dû mademoiselle Luzy, cette charmante soubrette que le Public a perdu trop tôt.

Il lui doit la Citoyenne Joly, autre soubrette maintenant au théâtre, qui, chaque jour, désigne par ses succès, la source où elle les a puisés. La Citoyenne Contat, elle-même, dès son très-jeune âge, y a pris les premiers erremens du talent parfait qu'elle déploie aujourd'hui, et quoiqu'elle soit légalement élève de l'épouse de Préville, actrice pleine d'intelligence et de noblesse dans l'emploi des premiers rôles de comédie, il est à croire que dans cet ensemble de talens unis, Préville aura concourru pour sa part à la formation de ce rare sujet ; d'où il s'ensuit que le mari et la femme ont reproduit de concert le génie d'un grand artiste, sans les traits de la beauté et des grâces.

Quant au personnel de Préville, un grand poëte l'a deviné : il l'a peint en deux vers, auxquels on ne trouvera pas plus à corriger à son sujet, qu'on ne pourrait trouver à changer aux superbes vers de la Métromanie.

C'est un fort galant homme, excellent caractère,
Bon ami, bon mari, bon citoyen, bon père.

RÉPONSE

Du Secrétaire Général du Lycée des Arts, chargé par le Directoire de partager la Couronne décernée à PRÉVILLE, pour en remettre la moitié à MOLÉ.

Grace, profond savoir, finesse, esprit, gaieté,
   C'est dire tout que de nommer *Préville* ;
Quant le goût le traçait, l'éloge était facile !
Mais pour qu'un nouveau prix y pût être ajouté,
Il fallait qu'il fut fait par la fraternité ;
Dans le temple des arts, il fallait que l'envie,
Vint palir cette fois à côté du génie,
Et que du *vrai talent*, par le *talent* loué,
Le triomphe en ce jour fut de tous avoué.
Dans ta bouche *Molé*, la louange est complette ;
Nous devons à *Préville*, un juste souvenir,
L'amitié pouvait seule acquitter cette dette,
Et t'en charger, c'étoit doubler notre plaisir ;
Mais quand d'un frère ici tu tresse la couronne,
Au même instant chacun en secret te la donne ;
Aux étonnans succès d'un talent enchanteur !
   Quand nous rendons ce solemnel hommage,
     L'œil attentif du connaisseur,
Nous avertit qu'il faut que *Molé le partage*,
Et du public ravi l'unanime suffrage,
En couronnant l'artiste, applaudit à son cœur.

                 CHARLES DESAUDRAY.

En ce moment, aux applaudissemens unanimes et redoublés de six mille spectateurs qui, tous, partageaient l'attendrissement de *Molé*, une marche triomphale annonça l'arrivée des Élèves de l'École Dramatique du

Lycée, au milieu desquels six jeunes citoyennes apportèrent, sur un pavoi, le buste de *Préville*, et la même couronne, partagée en deux, fut posée sur la tête du *Roscius français*, et sur celle de *l'homme de la nature*, le vrai, l'inimitable, et sur-tout le *sensible Molé*.

Nota. Dans la même séance, d'après une délibération prise antérieurement par les Membre du Lycée, le citoyen *Molé* a été proclamé Membre du Directoire des Arts, avec voix délibérative à toutes les séances et assemblées.

A PARIS, de l'Imprimerie du LYCÉE DES ARTS,
N.os 9 et 71.

www.ingramcontent.com/pod-product-compliance
Lightning Source LLC
Chambersburg PA
CBHW030111230526
45471CB00003B/1362